NOTICE

DES

TABLEAUX

DU MUSÉE

DE BOULOGNE-SUR-MER.

NOTICE

DES

TABLEAUX

EXPOSÉS

DANS LA GALERIE DE PEINTURE

DU MUSÉE

DE

BOULOGNE-SUR-MER.

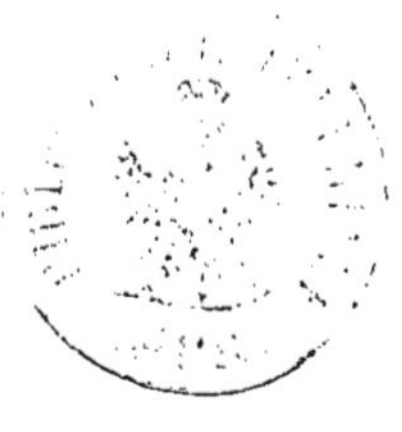

BOULOGNE-SUR-MER

Typographie de C. Le Roy, 51, Grande Rue.

1860.

INTRODUCTION.

INTRODUCTION.

Le Musée de Boulogne-sur-mer a été créé en 1825. Une ordonnance royale, du 11 mai de cette année, autorisa la ville à faire l'acquisition d'un cabinet d'histoire naturelle et d'antiquités appartenant à M. le vicomte de Barde ; et les importantes collections qui composaient ce riche cabinet formèrent le noyau du Musée actuel[1]. Il ne s'y trouvait pas d'œuvres de peinture ; mais on n'attendit pas long-

[1] Voir notre *Année historique de Boulogne-sur-mer*, p. 56-61. — Boulogne, v[e] Deligny, 1859.

temps pour voir aussi des tableaux figurer dans les donations, par lesquelles le public voulut marquer son intérêt en faveur de l'établissement naissant. Ils furent d'abord exposés dans la salle des séances du conseil d'administration. Puis on les réunit aux statues et autres épreuves d'art en plâtre, lorsque fut construite pour elles, en 1829, la galerie qui en a retenu le nom de *Galerie des statues*.

Le Musée ne possédait alors que huit ou dix tableaux. Il est vrai qu'ils étaient de ceux qui comptent encore parmi les ouvrages dont sa collection tire le plus de prix. Le nouveau local, où les amateurs et les curieux venaient d'être plus librement admis à les visiter, inspira tout aussitôt quelques résolutions généreuses. La galerie avait été inaugurée le 4 novembre, jour de la fête du roi Charles X, et, le 13 du même mois, environ trente tableaux étaient offerts, pour y être placés, par une seule personne, M. Merlin-Lafresnoye.

A dater de ce moment et de cette donation, la création d'une autre galerie, spéciale aux œuvres de peinture, parut désirable. L'administration du Musée y tendit de toutes ses forces; elle appela à son aide, pour faire face aux frais d'établissement, le concours du budget municipal et des souscriptions locales, et elle eut la satisfaction d'être écoutée. Le 29 juillet 1835, au milieu des solennités anniversaires de la révolution de 1830, on ouvrit la nouvelle galerie par une exposition de tableaux qui avaient été tirés, à cet effet, de plusieurs salons particuliers de la ville. Il s'en trouva cent quatre-vingt-dix-sept [1]. Ceux du Musée y figuraient au nombre de cinquante-et-un. Il possède aujourd'hui cent quarante-huit ouvrages nous en publions, pour la première fois, la *Notice*.

Cette *Notice* les classe, avec toutes libertés, par sections de genres ; — *Sujets religieux et mythologiques ;* — *Portraits et Têtes d'étude ;* — *Fleurs, Fruits et Nature morte ;* — *Sujets historiques ;* — *Paysages et Marines ;* — *Intérieurs*, etc.

Il nous a paru que, de toutes les dispositions, celle-ci convenait le mieux à une collection qui comportait difficilement

1 Voir le *Catalogue des tableaux anciens et modernes exposés dans la galerie ouverte au Muséum de Boulogne le 29 juillet 1835.* — Boulogne, Le Roy-Mabille, 1835, in-12.

un classement par écoles. Une autre classification quelquefois adoptée, celle par noms de peintres, devait offrir trop d'anonymes; le plus grand nombre de nos tableaux, antérieurs à notre siècle, ou n'étant pas signés, ou ne pouvant prêter qu'à des suppositions d'auteurs, qui ne seraient pas incontestables, comme à des attributions qui sont toujours fort incertaines.

Nous nous sommes montré, pour cette raison, sobre de ces attributions. D'ailleurs, elles ne nous appartiennent pas en propre; et, en général, nous n'en garantissons aucune. Il se manifeste tant de sentiments divers, même chez les hommes reconnus experts, pour rapporter telle œuvre à tel peintre, ou à tel style de maître, que nous serions assez disposé à ranger le plus ordinairement ces appréciations parmi les conjectures qui fournissent, le plus, matière à doutes.

Du reste, l'une des deux tables que nous plaçons à la suite de la *notice*, peut, en quelque sorte, suppléer à une classification par noms d'auteurs, puisqu'elle donne les noms de tous les peintres dont les ouvrages sont inscrits dans ce travail. Nous avons pris le soin d'y désigner particulièrement ceux de ces peintres qui sont nés à Boulogne, ou qui ont vécu dans notre ville, de manière à devoir passer pour en être devenus des citoyens. Le nombre en eût été beaucoup plus grand, si tous les peintres boulonnais s'étaient rendus aux désirs que l'administration leur a souvent exprimés d'obtenir, pour le Musée, des productions de chacun d'eux.

La seconde table est destinée à faire connaître les noms de toutes les personnes qui ont contribué par leurs dons à l'augmentation de notre collection. On y verra que l'exemple, donné par M. Merlin-Lafresnoye, n'est pas resté infructueux, et que, de proche en proche, il a eu des imitateurs au rang desquels MM. Aloy et Félix Morand, pour ne parler que des morts, doivent être principalement comptés.

Le gouvernement ne saurait être oublié dans le nombre de ces bienfaiteurs. Notre galerie doit au Ministère de l'intérieur dix tableaux, tous de peintres contemporains et achetés aux expositions annuelles du Louvre. Mais nous ne croyons pas être indiscret, en disant qu'il pourrait aussi ajouter aux compositions des artistes de notre temps, qu'il veut avec juste raison encourager et récompenser, quelques-unes de ces œuvres, d'une date plus éloignée de nous, ou anciennes, qui se gardent, sans utilité ni profit pour personne, dans des dépôts où elles restent oubliées et inconnues, au lieu de servir à l'accroissement des Musées déjà existants, ou à la formation de Musées nouveaux. Il est bien entendu que nous ne formulons pas ici un blâme. Nous ouvrons seulement des débouchés.

L'administration du Musée, en établissant une galerie spéciale pour les œuvres de peinture, n'avait pas limité ses prévoyances à une exposition permanente des tableaux formant la propriété de cet établissement dans cette section. Son plan comprenait en même temps la création d'expositions périodiques, où les artistes seraient conviés à envoyer leurs productions de tous les points de la France et même des États voisins. Ce plan s'est réalisé sous son impulsion, par l'institution d'une *Société des amis des arts* de la ville de Boulogne, qui a déjà organisé douze expositions : la première a eu lieu en 1837. Ces expositions se renouvellent tous les deux ans, et pendant leur durée, qui est de deux mois, les tableaux de la collection du Musée quittent leur place, pour l'offrir momentanément à ceux que les exposants y envoient.

Notre Musée, on peut le reconnaître, a notablement profité des avantages de ces *salons*, qui ont procuré à son administration les meilleures occasions d'y acquérir d'excellentes œuvres que le temps consacrera, qu'il a même, pour plusieurs, déjà consacrées.

7 juin 1860.

NOTICE DES TABLEAUX.

NOTICE

DES

TABLEAUX

EXPOSÉS DANS LA GALERIE DE PEINTURE

DU MUSÉE

DE BOULOGNE-SUR-MER.

---

1. — Moïse trouvé sur le Nil.

Signé Digout. — Exposé à Paris en 1842, et à Boulogne en 1843. — Donné par le roi Louis-Philippe, même année 1843.

2. — Le Christ descendu de la Croix.

Style Van Dyck. — Acquisition du Musée en 1841.

3. — La Samaritaine.

Sur marbre.—Donné par M. Marneffe en 1833.

4. — La femme adultère.

Signé Pérignon. — Exposé à Paris en 1838.— Donné par le Ministre de l'intérieur, la même année.

Jésus est dans l'attitude où le dépeint le verset 7 du chap. 8 de l'évangile selon St. Jean.

5. — Descente du Saint-Esprit.

Sur marbre. — Donné par M. Dutertre-Delporte en 1836.

6. — Saint Sébastien.

Par Martin de Vos. — Acq. du Musée en 1844.

Hauteur 1m. 60c. ; largeur 1m. 9c.

Le Saint est debout contre un arbre, les deux bras liés par les poignets au-dessus de la tête qui regarde le ciel. Son corps est percé de trois flèches, l'une dans la cuisse droite, la seconde au-dessous du mamelon gauche, la troisième près de l'aisselle droite. Au bas est un cours d'eau, et, dans le fond, des groupes d'habitations et une montagne.

Mme Guichard, née Lagrenée, vient d'exécuter une copie de ce tableau, pour le Ministère d'état.

7. — Saint Jérôme.

Signé Jean Boyer. — Donné par M. de Rincquesent en 1826.

Hauteur 1m. 10c., largeur 94c.

La signature se lit à la marge supérieure de deux feuillets d'un livre manuscrit grec représenté ouvert près du saint, l'un de ces feuillets portant le mot *Jean*, et l'autre le mot *Boyer*.

8. — La Vierge aux raisins.

École de Rubens. On attribue même à ce maître la tête de la Vierge. — Donné par la ville de Boulogne en 1829.

Hauteur 1m. 63c., largeur 1m. 14c.

La Vierge est assise tenant sur ses genoux l'enfant Jésus qui lui présente un fruit de la main gauche ; de la droite il en touche un autre dans une corbeille de raisins qu'un enfant ailé lui offre. Un second ange laisse tomber une grappe dans cette corbeille ; et un troisième est monté sur un prunier dans le fond.

9. — Diane et Actéon, et Nymphes.

Attribué à Jean Glauber et Gérard de Lairesse. — Donné par M. J[h].-T[h]. Tuite en 1830.

10. — Diane enchaînée par le Temps.

Imitation du Primatice. — Donné par M. Sansot en 1851.

11. — Triomphe de Galatée.

Copie de Raphaël faite à Rome, en 1835, par M. Guichard, élève d'Ingres. — Donné par le Ministre de l'intérieur en 1837.

12. — Mariage de l'Amour.

Copie de Bon Boullongne, par Lannoy.—Donné en 1836 par M. Aloy, en exécution de son testament.

13. — Conloch confié aux flots d'Inistore.

Par Antoine Sauvage, dit Lemire jeune. — Exposé à Paris en 1810. — Donné par sa veuve en 1844.

Le sujet de ce tableau est tiré de *Cathula*, poëme d'Ossian.

« Cathula avait quitté les rives d'Icronna et retournait à Inistore, accompagné de Rosgala, son épouse, et de Conloch leur jeune enfant. Assaillis par une tempête, leur esquif s'est brisé contre les rochers, sur les pointes desquels ils ont trouvé quelque temps un refuge. Cependant l'orage a gagné les sommités du roc : dans le cours de cette déplorable situation, Rosgala a donné le sein à son fils, l'a enveloppé de ses vêtements, puis l'a placé endormi sur le bouclier de son époux. L'infortuné Cathula, à son tour, a déposé près de Conloch l'arme de ses pères, et, d'une main soutenant Rosgala, dont un dernier regard implore le ciel, de l'autre il confie douloureusement aux flots ce précieux gage de leurs amours. »

---

14. — Portrait de John Duns.

Signé G. F. Mignon, 1731. — Donné par M. Duchochois-Pollet en 1850.

Duns est plus connu sous le nom de *Scott* et aussi sous celui de *Docteur Subtil*. On trouve tous ces noms réunis dans cette inscription :

IO : DVNCE : SCOTVS SUBTILIS.

Le personnage, de grandeur naturelle, se tient à demi-levé devant une table, où il est en train d'écrire, pour consulter un manuscrit ouvert sur un pupitre.

15. — Portrait de Molinet.

Copie sur bois, signée H. Dillens 1833. — Donné en 1835 par M. A. Voisin, professeur à l'Athénée de Gand.

Jean Molinet, poëte et historiographe célèbre, naquit à Desvres, dans le Boulonnais, et mourut à Valenciennes en 1507. C'est chez un fripier de cette ville que fut trouvé, vers 1820, le portrait dont notre musée possède une copie des plus exactes que M. Voisin a fait exécuter par M. Henri Dillens, de Gand. L'original était alors en la possession d'un savant belge, M. Goethals-

Vercruyste, de Courtrai, qui en avait fait la découverte. On ne connaissait pas d'autre portrait de Molinet.

On lit au haut du tableau cette inscription :

IN EFFIGIEM M. JOANNIS MOLINET VIRI
SVO TEMPORE DISERTISSIMI HEXASTICON.

et, au bas, ce sixain annoncé par les deux lignes précédentes :

QVI MEA SCRIPTA PROBAS NOSTRAM NE DESPICE FORMAM
INGENIO FORMÆ DAMNA REPENDO MEÆ.
SCRIBENDO PATRIO CVNCTOS IDIOMATE VICI,
SEV NVMEROS, SEV TV VERBA SOLVTA VELIS :
NEC MINOR IN DICTIS QVAM SCRIPTIS GRATIA TALI,
ASPERSVS NOSTER SERMO LEPORE FVIT.

16.—Portrait de la duchesse d'Aumont.

Donné en 1833 par M. Dutertre-Delporte.

Derrière le tableau, autour du cadre, on lit cette inscription : MADAME LA DVCHESSE D'AVMONT, TRÈS-DÉVOTTE ET VERTVEVSE ET MAGNIFIQUE ; et sur la traverse : *donné par l'original en 1673.* Le tableau nous paraît dès-lors pouvoir représenter Françoise-Angélique de la Mothe Houdancourt, qui épousa le 28 novembre 1669, Louis-Marie, duc d'Aumont, gouverneur du Boulonnais.

17. — Portrait du roi Louis XVIII.

Copie de Gros, par Prédal. — Donné par la ville de Boulogne en 1830.

18. — Portrait du roi Louis-Philippe Ier.

Donné en 1833 par le Ministre du commerce à la ville de Boulogne, et, depuis 1848, par la ville au Musée.

Ce portrait représente le Roi dans la salle du trône, debout et en uniforme de colonel de la garde nationale.

19. — Portrait de Lédez.

Pastel. — Signé Negelen, 1850. — Donné par l'auteur.

Lédez (Jean-Louis), matelot de 3me classe, né à Audresselles le 3 janvier 1802, s'est signalé par plusieurs actes d'intrépidité et de dévouement qui lui ont valu, de la part du gouvernement, après différentes marques de distinction, la croix de chevalier de la Légion-d'Honneur, pour sa belle conduite dans le naufrage de 3 bâtiments sur nos côtes, arrivé le 28 février 1849. Il montait le bateau de sauvetage avec sept autres marins, lorsque ce bateau reçut un énorme coup de mer, qui le chavira la quille en l'air. Tous ses compagnons purent se sauver à l'aide des lignes qui leur furent jetées. On crut Lédez perdu; car le canot, emporté par le courant et les lames, flottait au large, la quille toujours en l'air. Une demi-heure après, il était poussé à la côte vis-à-vis le Moulin-Hubert. Un grand nombre de personnes se portèrent de ce côté; on hala le canot à terre, et en le retournant, à la surprise et à la satifaction générales, on retrouva Lédez dans l'intérieur de l'embarcation. Il s'était placé sur le revers des bancs, et le canot renversé faisant l'effet d'une cloche à plongeur, lui avait ménagé l'air nécessaire à la respiration. Lédez fut porté en triomphe à la maison de secours de la Société Humaine, disant à ceux qui l'entouraient : « Ce n'est rien, mes amis, ce n'est rien; demain je serai prêt à recommencer. »

20. — Une Flore.

Attribué à Jean Raoux. — Donné par M. Dutertre-Delporte en 1832.

21. — Portrait de femme.

Étude par Léonard Poyer, 1827. — Donné

en 1843 par M. Félix Morand, en exécution de son testament.

22. — Portrait de femme.

Attribué à Laurent de la Hire. — Donné en 1836 par Mme la marquise de Coupigny.

23. — Portrait de femme.

Ce portrait a été trouvé en mer le 7 février 1840, après une tempête, avec des débris de navire, par l'équipage d'un bateau de pêche du Portel.

24. — Portrait d'homme.

Attribué à Nicolas de Largillière. — Acquisition du Musée en 1847.

25. — Portrait d'homme.

Style de Mignard. — Donné par M. Charles Huret en 1834.

26. — Tête d'homme.

Étude signée Aimée Brune, 1846. — Exposé

à Boulogne en 1850. — Acquisition du Musée, en la même année.

27. — Un musicien jouant de la mandoline

Attribué à Le Valentin.—Donné par M. Obert en 1829.

28. — Un musicien jouant du violon.

Attribué au même. — Donné par le même.

29. — Tête d'étude.

Donné par Mme veuve Delalleau en 1838.

30. — Tête d'étude.

Donné par la même.

31. — Tête de vache.

Attribué à Albert Cuyp. — Acquisition du Musée en 1841.

32. — Fleurs.

Signé Hieronimo Gallo, A°. 1650.—Acquisition du Musée en 1847.

33. — Bouquet de roses.

Aquarelle signée Janet (Adèle). — Exposé à Boulogne en 1837. — Donné par l'auteur en la même année.

34. — Fruits.

Signé T°. Martens. — Donné en 1835 par M. Sannier, architecte.

Ces fruits forment divers groupes dans des corbeilles placées sur une table où l'on voit aussi un plat d'huîtres et deux manuscrits. L'un de ces manuscrits est ouvert et montre un texte qui nous paraît être en langue flamande.

35. — Fruits.

Signé Lamarre. — Donné par M. Merlin-Lafresnoye en 1829.

36. — **Nature morte ; lièvre, faisan et perdrix.**

Par Arthur Bonnefoy. — Donné en 1855 par Sir William Wallace.

---

37. — Alexandre soulageant un de ses soldats blessé.

Signé A. S., dit Lemire jeune. — Exposé à Paris en 1808, et récompensé de la médaille d'or 1re classe. — Donné en 1844 par sa veuve.

Le peintre a donné cette explication du sujet de son tableau : « Au milieu d'une marche, dans des montagnes couvertes de neige, Alexandre s'étant arrêté derrière son armée, rencontre un simple soldat qui succombait de froid et de fatigue. Ému de compassion, il le prend dans ses bras et le porte lui-même près d'un feu que d'autres soldats avaient allumé. »

Il ne faut pas chercher la plus grande vérité du fait historique dans cette composition, qui paraît avoir été inspirée par l'anecdote que rapportent Quinte-Curce, au livre VIII, chapitre 4 de son *Histoire d'Alexandre-le-Grand*, et Valère Maxime, au livre V, chap. 1 *(Ext.)*, de ses *Faits et paroles mémorables*.

38. — Prise de Jérusalem par les Croisés.

Hauteur 2m. 30c., long. 3m. 40c.

Ce tableau est signé, en caractères grecs, SA. RO. TRITATOS ROTOMAG EPOIESE APSOD. Le mot *apsod* n'a pas de signification dans la langue grecque ; mais les quatre lettres qui le composent peuvent former un millésime. Ce serait celui de 1774. Si cette date offrait le vrai sens de la réunion de ces lettres, il faudrait alors renoncer à voir dans les mots SA-RO la signature du peintre Salvator Rosa, auquel de très-bons connaisseurs sont portés à attribuer notre tableau. Salvator Rosa mourut à Rome en 1673.

Le Musée de Boulogne a acquis ce tableau en mars 1843, d'un marchand qui se proposait de le vendre en Angleterre. Ce marchand l'avait acheté, lui-même, à Paris, en novembre 1842, dans une vente publique où le commissaire-priseur l'annonça comme ayant appartenu au prince de Condé.

39.— L'empereur Napoléon 1er à sa baraque au Camp de Boulogne.

Par Henri Gobert, en 1834. — Donné par M. Aloy en 1836.

La baraque que l'empereur Napoléon 1er occupa dans ses visites au camp de Boulogne est représentée ici avec la plus grande exactitude. Elle est assise près de l'emplacement de la Tour

3

d'Ordre, et l'on aperçoit à gauche deux monticules qui sont des restes de maçonnerie, non de cette tour elle-même, qui s'écroula le 29 juillet 1644, mais des fortifications élevées autour d'elle par les Anglais en 1544. De ces monticules, des groupes de spectateurs regardent les évolutions de la flottille en rade. L'Empereur est seul; il se promène près de sa baraque, comme il en avait l'habitude. Seulement il est trop gros : il n'avait pas alors (1804-1805) cette corpulence que le peintre lui a trop prématurément donnée. (Voir notre *Année historique de Boulogne-sur-mer*, pages 71 et 171.)

40. — Épisode de la campagne de Paris ; 30 mars 1814.

Signé Eugène Charpentier, 1852. — Exposé à Paris, puis à Boulogne, en la même année. — Acquisition du Musée.

Les élèves de l'École Polytechnique, attaqués à l'improviste par la cavalerie russe, sont dégagés par une charge d'un détachement du 7me cuirassiers et l'arrivée de la compagnie St.-Romain de la 8me légion.

41. — Esquisse d'un tableau d'histoire.

Sujet inconnu. — Donné en 1843 par M. Félix Morand.

42. — Ruines : figures sur une partie d'entablement renversée.

Attribué, ainsi que le suivant, à Panini. — Donné par M. Moleux aîné en 1829.

43. — Ruines ; même composition, pendant du précédent.

Donné par le même.

44. — Ruines et intérieur.

Sur bois. — Donné par M. Félix Morand, en 1843.

45. — Ancienne vue du Pont-Neuf, à Paris.

Donné par M. Merlin-Lafresnoye en 1829.

46. — Ancienne vue du Louvre.

Donné par le même.

47. — Vue du pont de Sèvres.

Signé Léonie Cholet. — Exposé en 1841, à Paris, puis à Boulogne. — Donné par la garde nationale de Boulogne, en la même année.

48. — Vue de l'église Saint-Leu-Taverny.

Signé Villeret — Exposé à Paris en 1850, et à Boulogne en 1852. — Acquisition du Musée en 1852.

49. — Vue prise à Rouen. — La cathédrale.

Aquarelle par Kellin. — Exposé à Boulogne en 1856.—Donné par M. Fs Delessert, même an.

50. — Vue de l'hôtel de ville de Gand.

Aquarelle. — Signé Kellin. — Donné par l'auteur en 1852.

51. — Vue de la grande place et de la halle à Ypres (Belgique).

Signé Justin Ouvrié. — Exposé à Paris en

1847, et à Boulogne en 1850. — Acquisition du Musée en 1850.

52. — Vue prise à Évreux.

Signé Hippolyte Garneray. — Exposé à Paris, puis à Boulogne en 1841. — Donné par la garde nationale.

53. — Vue du château royal de Frederiksburg Seeland.

Par Mayer.—Exposé à Boulogne en 1856.— Acquisition du Musée.

54. — Abbaye de Done, près la ville du Puy (Haute-Loire).

Signé Pre Thuillier.—Exposé à Paris en 1837. —Donné par le Ministre de l'intérieur en 1838.

55.—Vue du cratère du Vésuve en 1841.

Signé Emile Goury, 1844. — Exposé à Paris, même année. — Donné par le Ministre de l'intérieur en 1845.

56. — Vue prise dans l'île de Capri (Royaume de Naples).

Signé Philippe, 1822. — Donné, ainsi que les deux suivants, en octobre 1854, par M. Alfonse Philippe.

57. — Vue, composée, de Civita Castellana.

Signé Philippe, 1824.

58. — Eudore et Velléda.

Signé Philippe, 1827. — Sujet tiré des *Martyrs* de Chateaubriand.

59. — Saint Bruno à la Chartreuse, dans le Tyrol.

Signé C. Brune, 1840. — Exposé à Paris en 1841. — Donné par le Ministre de l'intérieur, même année.

60. — Choc de cavalerie.

Attribué à Jacques Courtois, dit le Bourguignon. — Acquisition du Musée en 1847.

61. — Rencontre de cavalerie.

Attribué à Van der Meulen—Donné par la ville de Boulogne en 1829.

62. — Convoi militaire.

Sur bois.— Attribué à Dufresne.— Donné par M. Merlin-Lafresnoye en 1829.

63. — Convoi militaire.

Sur bois. — Attribué au même. — Donné par le même.

64. — Chasse aux sangliers.

Sur cuivre. — Attribué à Paul Bril. — Donné par le même.

65. — Marche d'animaux.

Signé Berré, 1830. —Exposé à Paris en 1831, et à Boulogne en 1837. — Donné, en la même année, par le duc d'Orléans.

66. — Sortie de bergerie.

Signé J. Paris. — Exposé à Boulogne en 1852. — Donné par M. F[s] Delessert, même année.

67. — Forêt.

Sur cuivre. — Attribué à Paul Bril. — Donné par M. Merlin-Lafresnoye en 1829.

68. — Vue prise dans le parc de Mousseaux.

Signé Auguste Regnier, 1842. — Exposé à Paris, même année. — Donné en 1842 par le Ministre de l'intérieur.

69. — Entrée de villa.

Par Hippolyte Lebas, 1856. — Exposé à Boulogne en 1856. — Acquisition du Musée.

70. — Paysage.

Style de Paul Bril. — Donné par M. Merlin-Lafresnoye en 1829.

71. — Paysage.

Attribué à Paul Bril. — Donné par le même.

72. — Paysage.

Attribué au même. — Donné par le même.

73. — Paysage avec animaux.

Esquisse attribuée à Salvator Rosa. — Donné par M. Jh.-Ths. Tuite en 1830.

74. — Scène d'orage; personnages et animaux.

Attribué à Gaspard de Crayer. — Donné en 1843 par M. Félix Morand.

75. — Paysage.

Sur bois. — Attribué à Swagers. — Donné par M. Merlin-Lafresnoye en 1829.

76. — Paysage.

Sur bois. — Attribué au même. — Donné par le même.

77. — Paysage.

Signé D. F. — Donné par M. Dutertre-Delporte en 1836.

78. — La Prédication au bord du lac.

Sur bois. — Donné par M. Dutertre-Delporte en 1836.

Deux barques viennent d'aborder au rivage, paraissant montées par des pêcheurs. A la proue de celle qui est le plus près de la rive, se tient debout un personnage qui s'adresse à la foule accourue pour l'entendre. Le personnage est dans l'attitude où l'on représente Jésus annonçant sa parole. La foule est agenouillée et attentive, peut-être dans l'attente d'une guérison miraculeuse, que peut faire supposer l'aspect d'une femme, soutenue par deux personnes, au milieu de cette multitude.

79. — Vue des Pyrénées.

Signé C. Brune. — Exposé à Paris en 1846, à Boulogne en 1847. — Acquisition du Musée en 1847.

80. — Visite à la ferme.

Aquarelle. — Signé Collignon. — Exposé à Boulogne en 1839.— Donné par M. François Delessert, même année.

81. — Paysage.

Aquarelle. — Signé Gué. — Donné en 1843 par M. Félix Morand.

82. — Mare Franchard ; forêt de Fontainebleau.

Aquarelle. — Par Mme Laston, née Louise Delacroix. — Exposé à Boulogne en 1856. — Acquisition du Musée, même année.

83. — Scène d'hiver.

Signé Jh.-Ths. Tuite, Boulogne, 1841. — Donné en 1843, par M. Félix Morand.

84. — Paysage composé.

Signé Rt Aly. — Donné par l'auteur en 1832.

85. — Une avalanche.

Signé Rt Aly, Boulogne-sur-mer, 1848. — Donné par l'auteur, même année.

86. — Paysage.

Par Eddrop. — Don de M. Aloy, 1836.

87. — Ancienne vue de la ville et du port de Boulogne-sur-mer. (XVIIe siècle.)

Attribué à Van der Meulen. — Acquisition du Musée en 1829.

88. — Vue de la ville, du port et de la rade de Boulogne-sur-mer, prise d'Ostrohove.

Signé Philippe, 1831. — Donné par le Ministre de l'intérieur en 1833.

89. — Vue du port de Boulogne.

Signé Jh.-Ths. Tuite, Boulogne-sur-mer, 1829. — Donné par l'auteur, en la même année.

90. — Vue du port de Boulogne.

Sur carton anglais.—Signé A. Delacroix, 1835. — Donné en 1843 par M. Félix Morand.

91. — Vue du port de Boulogne.

Sur carton anglais. — Par A. Delacroix, 1835. — Donné par le même.

92. — Vue de la plage de Boulogne ; — bateau pêcheur échoué à marée basse.

Signé A. Delacroix, 1834. — Exposé à Paris, en 1835. — Donné par M. Aloy en 1836.

93. — Naufrage de l'*Amphitrite*, devant Boulogne, le 30 août 1833.

Signé Ferd. Perrot, 1834. — Exposé à Paris. — Donné par le Ministre de l'intérieur, la même année.

L'*Amphitrite* quitta Woolwich le 26 août, en charge pour Sydney (New-South-Wales), ayant à bord cent huit femmes et douze enfants, condamnés à la déportation, et seize hommes d'équipage. La tempête commença dans la nuit du 29 ; le capitaine fit les plus vains efforts pour s'éloigner de terre. Le samedi, vers quatre heures du soir, le bâtiment fut entraîné par la violence du vent, et vint échouer sur la côte de Boulogne, non loin de l'établissement des bains. Vers le soir, la mer devint plus furieuse, et le bâtiment, cédant à la tempête, s'entrouvit et disparut sous les flots. En un instant tout périt, à l'exception de trois hommes de l'équipage qu'on parvint à sauver.

Le dévouement et le courage du marin boulonnais, Pierre Hénin, dans ce naufrage, sont restés dignes de mémoire.

94. —Entrée, dans le port de Boulogne, de S. M. Victoria, reine d'Angleterre, le 18 août 1855.

Par Eugène Bénard. — Exposé à Boulogne, en 1858. — Donné par la ville de Boulogne en 1859. (Voir notre *Année historique*, page 186.)

95. — Vue du cap Grinez, prise de l'ancien port de Wissant. — Effet du soir.

Signé Jeanron, Wissant 1852. — Exposé à Paris 1853. — Donné par l'empereur Napoléon III en 1853.

96. — Départ pour la pêche ; — côte du Portel.

Signé A. Delacroix, 1839. — Exposé à Paris, puis à Boulogne, en la même année. — Acquisition du Musée en 1839.

97. — Vue du port de Calais.

Signé J. L. Petit 1856. — Donné en décembre 1857, par l'empereur Napoléon III.

98. — Vue de Sydon, ancienne Tyr ; — soleil couchant.

Signé L. Garneray. — Peint en 1837. — Exposé à Boulogne en 1852. — Acquisition du Musée, même année.

99. — Marine.

Donné en 1840 par l'amiral Sidney-Smith.

100. — Marine.

Donné par le même.

101. — Marine.

Signé J.-L. Petit, 1834. — Donné par l'auteur en 1835.

102. — Marine.

Signé J.-L. Petit, 1835. — Donné par l'auteur en 1836.

103. — Port d'Italie.

Attrib. à Storck. — Acquis. du Musée en 1847.

104. — Marine.

Sur bois. — Donné par M. Merlin-Lafresnoye en 1829.

105. — Marine.

Sur bois. — Don du même.

106. — Marine.

Sur bois. — Don du même.

107. — Marine.

Sur bois. — Attribué à Van-Goyen.— Donné en 1836 par M. Cookson.

108. — Marine ; bourrasque.

Sur cuivre. — Attribué à Van den Velde, le fils (Guillaume). — Donné par M. Merlin-Lafresnoye en 1829.

109. — Marine.

Sur bois. — Style du même.—Donné par M. Bellet-Baret en 1834.

110. — Marine.

Attribué à Thomas Wick.—Donné par M. Fr. Noël en 1830.

111. — Marine.

Sur cuivre.—Donné par M. Merlin-Lafresnoye en 1829.

112. — Marine.

Sur cuivre. — Donné par le même.

113. — Marine.

École de Mayer. — Sur bois. — Donné par la ville en 1829.

114. — Marine.

Pendant du précédent. – Donné par la ville.

115. — Paysage.

Par Eddrop. — Donné en 1836 par M. Aloy, en exécution de son testament.

116. — Vue du port Bail, près Cherbourg.

Signé J.-L. Petit, 1834. — Exposé à Paris.— Donné par le Ministre de l'intérieur, même année.

« Cette ville, en relation commerciale avec les îles de Jersey et Guernesey, par sa position maritime, offre la singularité toute particulière d'être envahie habituellement par la mer à 15 ou 20 pieds. Elle est représentée au moment où les eaux viennent de se retirer. Ses habitants sont occupés au sauvetage d'un bâtiment échoué près du mur de l'église. »

117. — Naufrage à la côte de Scarborough ; comté de Yorkshire.

Signé Jh.-Ths. Tuite, 1834. — Exposé à Lille, même année, et y a obtenu la grande médaille d'argent. — Donné par l'auteur en 1835.

118. — Vue du grand canal de Venise.

Signé J. Joyant. — Exposé à Paris en 1849, et à Boulogne en 1850. — Acquisition du Musée en 1850.

119. — Intérieur d'église.

Sur bois. — Attribué à Peter Neefs. — Donné par M. Merlin-Lafresnoye en 1829.

120. — Intérieur de l'église St.-Aynay, à Lyon.

Signé Rondé, 1839. — Exposé à Paris, puis à Boulogne, même année. — Donné par M. Galien, même année.

121. — Intérieur de l'église des Carmes-déchaussés, à Gand.

Signé Villeret, 1852. — Exposé à Boulogne, même année. — Acquisition du Musée, même an.

122. — Intérieur d'un château : pardon accordé à un condamné.

Sur carton. — Donné en 1827 par M. de Bois-Robert, de Montreuil.

Notre titre ne donne peut-être pas l'explication véritable du sujet de ce tableau. Mais c'est celui sous lequel on l'a fait connaître, il y a déjà plus de trente ans ; et nous serions fort embarrassé de le remplacer par un autre qui rendît exactement nos impressions. On avait cru aussi pouvoir attribuer l'ouvrage à Jean Lys : ce qui ne saurait jamais s'accorder avec la date de 1579 qu'il porte, puisque Jean Lys aurait dû le composer à l'âge de neuf ans. Sept personnages forment le principal groupe de cette composition où l'attention est appelée d'abord sur un pauvre hère, entièrement chauve et vêtu d'une simple chemise et d'un pantalon rouge. Il a déposé son chapeau sur le sol, à côté de lui, et s'adresse, un genou en terre, et les mains jointes, à un personnage qui lève sur lui une longue épée dans une attitude menaçante. Deux autres hommes semblent assister celui-ci ; l'un tient un bâton de la main droite, l'autre, coiffé d'un casque, où se dressent par derrière deux plumes blanches, tient un long drapeau blanc reployé : trois dames en toilette d'intérieur, dont l'une est assise sur une malle de voyage, complètent le groupe. Tous les personnages ont l'œil fixé sur celui qui est agenouillé et paraissent l'observer ou l'écouter avec une grande attention mêlée de malice. La scène se passe dans une place nue dont l'entrée est surmontée, aux deux angles, d'une statue qu'on peut prendre pour celle d'un saint, les yeux levés au ciel. Sur le mur sont représentés, dans un encadrement au bas duquel se lit le millésime 1579, deux personnages nimbés (vraisemblablement deux femmes) qui s'avancent l'un vers l'autre, en se tendant les bras ; plus loin, à droite, sont suspendus un pistolet dans sa fonte et une façon de giberne. Près de l'entrée, à l'intérieur, se tient debout une femme qui se voile en partie le visage, comme si elle pleurait. Trois autres personnages se montrent à l'extérieur : l'un, en casque, tenant une arme à feu, semble faire faction ; le second, également en casque, suspend ou dépend un sac à un pilier d'arcades au pied duquel le troisième est assis sur un escabeau, dans la position d'une personne qui attend. — Le tableau est assurément de maître.

123. — Le marchand de marrons.

Signé Alexandre Couder. — Exposé à Boulogne en 1839. — Donné, même année, par M. Nau de Champlouis, préfet du Pas-de-Calais.

124. — L'Alchimiste.

Style de Teniers. — Donné en 1826 par M. de Patras de Campaigno.

125. — Le cordonnier.

Même style.—Donné par M. Merlin-Lafresnoye en 1829.

126. — La fileuse.

Même style. — Don du même.

127. — L'atelier de peinture.

Même style. — Don du même.

128. — Philosophe à l'étude.

Sur bois. —Même style. — Don du même.

129. — Le médecin aux urines.

Sur bois. — Même style. — Don du même.

130. — Le pédicure.

Sur bois. — Attribué à Brouwer (Adrien). — Donné en 1843 par M. Félix Morand.

131. — Intérieur de charcuterie.

Attribué à Brouwer (Adrien). — Donné en 1830 par M. Jh.Ths. Tuite.

132. — Scène de cabaret.

Sur bois. — Attribué à Van der Poel. — Donné en 1827 par M. de Bois-Robert.

133. — Le récit.

Signé E. Gabet, 1839. — Exposé à Boulogne, même année.—Donné par M. Al. Adam, maire, même année.

« Un marin, de retour du service, entre en passant chez des amis et leur raconte un épisode de sa vie. »

134. — Le récit : scène de famille.

Signé Héloïse Leloir. — Exposé à Paris en 1842, et à Boulogne en 1843. — Donné par M. Al. Adam, maire, en 1843.

135. — La récréation.

Par Gourdet (Gabriel-Michel-Édouard). —

Exposé à Boulogne en 1856. — Acquisition du Musée, même année.

136. — Scène d'intérieur.

Sur bois. — Style de Joseph Van Craesbecke. —Donné en 1835 par M. Baret-Ternaux.

137. — Un coup contesté.

Par Billiet. — Exposé à Boulogne en 1856. — Acquisition du musée, même année.

138. — La table et la danse.

Sur cuivre. — Attribué à Jean Steen. — Donné par M. Merlin-Lafresnoye.

Hauteur 45m., largeur 67c.

139. — Danse villageoise.

Sur bois. — Attribué à Jean Miel. — Don du même.

140. — Danse villageoise.

Donné en 1835 par M. Baret-Ternaux.

141. — Le sinistre.

Signé Fourau, à Lyon, 1840. — Exposé à Paris, même année, et à Boulogne en 1843. — Donné par le roi Louis-Philippe en 1843.

142. — Un marché au poisson.

Signé G. Stubbs. — Exposé à Boulogne en 1839. — Donné la même année par M. François Delessert, député.

143. — Femmes mauresques. — Constantine.

Signé Edmond Hédouin, 1849. — Exposé à Paris, même année. — Donné par le Ministre de l'intérieur en 1850.

144. — Ferme bretonne dans le Morbihan

Signé Ch. Fortin. — Exposé à Paris en 1840, et à Boulogne en 1841. — Donné en 1841 par S. A. R. Mme Adelaïde.

145. — Une famille de Bas-Bretons.

Sur bois. — Signé Ch. Fortin, 1842. — Exposé à Paris en 1843, puis à Boulogne. — Donné par le roi Louis-Philippe, la même année.

146. — L'Escarpolette

Aquarelle. — Signé Deveria. — Acquisition du Musée en 1856.

147. — Une caravanne.

Sur bois. — Signé *Pastman fecit, 1622.* — Donné en 1843 par M. Félix Morand.

148. — Un mendiant à main armée. — Scène dans la Calabre.

Signé Célestin Nanteuil, 1835. — Exposé à Paris en 1835, et à Boulogne en 1837. — Donné par la compagnie des grenadiers du 1er bataillon de la garde nationale de Boulogne, en 1837.

« En Calabre, vers la fin d'un jour brûlant, et dans une campagne aride et déserte, un de ces *mendiants à main armée* dont les brigadiers romains ont tant de peine à se saisir, vient d'assassiner et de voler un voyageur. Il a jeté le corps de sa victime dans une fondrière, au-dessus de laquelle planent des corbeaux, et, assis sur un quartier de roc, il aiguise son stylet taché de sang ! »

149. — Paysage.

Par Édouard Bétencourt.—Donné par l'auteur en 1860.

FIN DE LA NOTICE.

NOMS DES PEINTRES.

PREMIÈRE TABLE,

CONTENANT

LES NOMS DES PEINTRES DONT LES OUVRAGES SONT DÉCRITS DANS LA NOTICE, OU QUI Y SONT CITÉS A L'OCCASION DE CES OUVRAGES.

Les chiffres se rapportent aux numéros d'ordre de la notice.

NOMS DES DONATEURS.

SECONDE TABLE.

CONTENANT

LES NOMS DES PERSONNES QUI ONT DONNÉ DES TABLEAUX AU MUSÉE DE BOULOGNE-SUR-MER.

Les chiffres se rapportent aux numéros d'ordre de la notice.

Les tableaux 2, 6, 24, 26, 31, 32, 38, 40, 48, 51, 53, 60, 69, 79, 82, 87, 96, 98, 103, 118, 121, 135, 137, 146, ont été achetés par l'administration du Musée.

AVIS.

[illegible] Galeries du Muséum sont ouvertes au pu[illegible] depuis dix heures du matin jusqu'à quatre heures du soir, les jeudis, samedis et dimanches, le jour de la fête de l'Empereur, et pendant la durée des Foires de la Madelaine et de Saint-Martin. Les autres jours elles sont ouvertes aux étrangers porteurs de passeport, aux étudiants et autres personnes munies d'un permis signé de l'un des Administrateurs.